E. FORTIER

AVANT-PROPOS

Voici un **premier livre de lecture courante,** aux thèmes familiers ou irréels, dont la syntaxe et le vocabulaire sont à la portée des enfants commençant à lire.

Selon la méthode employée et le niveau de la classe "La Ronde des Mots" peut-être utilisé :

— avant la fin de l'étude des sons,

— à la suite des manuels d'apprentissage de la lecture,

— enfin comme livre de lecture silencieuse.

En une ou plusieurs séances, pour un texte, nous suggérons :

— déchiffrage individuel ou par groupe de trois, quatre élèves, de même niveau, le maître ou la maîtresse aidant les plus faibles.

— questions orales pour tester la compréhension, ou l'aider.

— quelques lectures du texte, à haute voix; entre chaque lecture, ou encouragera les élèves à commenter l'histoire.

— lecture silencieuse.

— exercices écrits pendant lesquels la maîtresse ou le maître prend, à part, les plus faibles pour une dernière lecture.

aujourd'hui, c'est dimanche.

1 aujourd'hui, c'est dimanche.
aujourd'hui, j'ai six ans.

2 maman a fait
un gâteau,
un gros gâteau,
un gros et beau gâteau,
plein de crème
et de confiture.

3 sur ce gros et beau gâteau,
papa a piqué
six bougies
six petites bougies,
deux rouges,
deux blanches,
deux bleues.
deux, quatre, six,
six petites bougies
rouges, blanches, bleues.

4 aujourd'hui, c'est dimanche.
c'est mon dimanche.
comme un grand,
j'ai soufflé les six bougies,
les six bougies de mes six ans.

1 ***J'écris ce qui est vrai dans l'histoire :***

aujourd'hui, j'ai dix ans.
maman a fait un gros gâteau.
le gâteau a six petites bougies.
il y a deux bougies vertes.

2 ***Je remplace le tiret (—) par* n *ou* m :**

la —appe	ali—e
le —écano	la —ule
la —oto	une da—e

3 ***Je remplace le tiret (—) par* un *ou* une :**

— rôti	— poisson
— joue	— voiture
— melon	— galette

4 ***Je recopie et je complète les phrases :***

papa

maman

la confiture

elle a fait un gros gâteau : c'est ......
il a piqué six bougies : c'est ......
on la met dans un pot : c'est ......

tout là-haut, dans le grenier...

1 tout là-haut
dans le grenier,
j'ai trouvé :

2 le chapeau de maman,
la veste de papa,
les bottes de grand-père.

3 j'ai trouvé aussi,
tout là-haut
dans le grenier :
une épée et un ceinturon.

4 me voilà pirate
avec mon chapeau
ma veste
mes bottes
mon épée et mon ceinturon.

5 et maintenant
gare à tous les brigands
qui oseront s'approcher
de mon château-fort-grenier.

1 ***Je dis* oui *ou* non :**

dans le grenier, j'ai trouvé :
le chapeau de grand-père,
la veste de papa,
les bottes de maman.

2 ***Je remplace le point par* t *ou* p :**

du .âté
la .able
du rô.i

la ju.e
une é.ine
un .apis

3 ***Je remplace le tiret (—) par* le *ou* la :**

— galette
— tête
— judo

— jupon
— poire
— bouquet

4 ***Je recopie et je complète les phrases :***

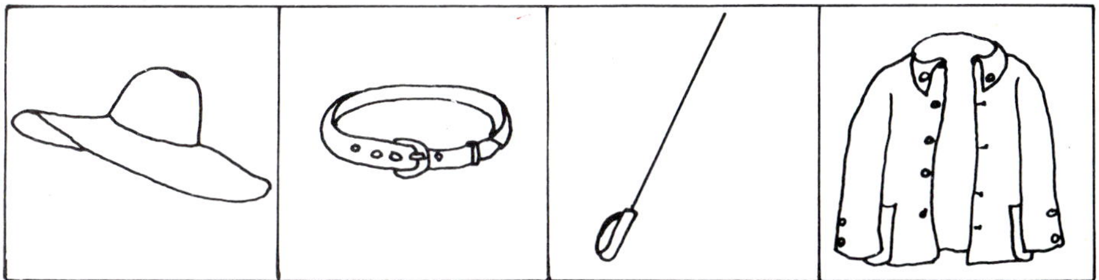

le chapeau | le ceinturon | l'épée | la veste

on le met à la taille : c'est ......
elle appartient à papa : c'est ......
maman le met sur sa tête : c'est ......
elle est pointue : c'est ......

à la soupe au potiron, je préfère...

1 à la soupe au potiron,
je préfère
la côtelette de mouton.

2 au potage aux épinards,
je préfère
la soupe au lard.

3 à la purée de courgettes,
je préfère...
je préfère les sucettes.

4 au rôti de veau,
je préfère
le gâteau aux pruneaux.

5 mais maman dit toujours
que, pour devenir un homme,
il faut manger de tout.

6 moi, je veux bien
manger de tout.
mais pourquoi papa
est-il devenu papa,
en refusant toujours le tapioca ?

1 ***Je dis oui ou* non :**

la soupe est aux poireaux.
le gâteau est aux cerises.
j'aime les sucettes.
papa aime le tapioca.

2 ***Je remplace le point par* d *ou* b :**

une pé.ale
la .alle
une bo.ine
un ra.is
la bar.e
un .omino

3 ***Je remplace le tiret (—) par* ma *ou* mon :**

— bijou
— boîte
— galette
— bonbon
— colle
— café

4 ***Je recopie les mots et j'écris le bon numéro dans le carré* ☐ :**

1

2

3

4

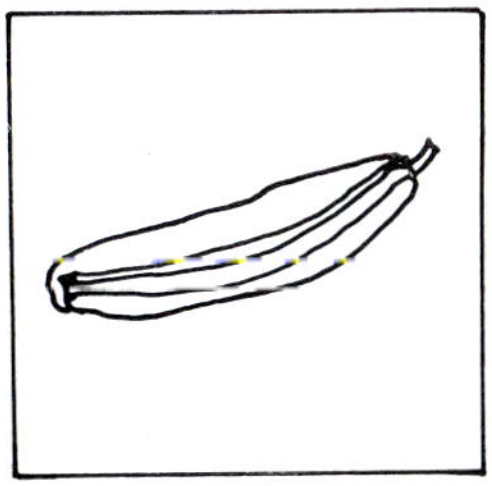

5

6

un rôti ☐
le gâteau ☐
une côtelette ☐
une sucette ☐
la soupe ☐
une courgette ☐

maman veut une voiture.

1 maman veut une voiture,
une voiture bleue ou verte.

2 papa veut une voiture,
une voiture avec six chevaux
dans le moteur.

3 élise veut une voiture,
une voiture avec six places
pour ses poupées.

4 moi, je veux une voiture,
une voiture avec des glaces
qui montent et qui descendent.

5 “nous ne pouvons pas acheter
quatre voitures” dit papa.

6 “alors, dit maman, achetons
une voiture bleue ou verte,
qui a six chevaux dans le moteur,
qui a six places pour les poupées,
et des glaces
qui montent et qui descendent.”

1 *J'écris ce qui est vrai dans l'histoire :*

maman veut une voiture bleue.
élise veut une voiture à deux places.
papa veut une voiture avec six chevaux.
papa achètera quatre voitures.

2 *Je remplace le tiret (—) par **on** ou **ou** :*

la r—te	du sav—
le tal—	une p—le
une t—pie	un ball—

3 *Je remplace le tiret (—) par **ta** ou **ton** :*

— pelote	— costume
— poupée	— balle
— masque	— tricot

4 *Je recopie les mots et j'écris le bon numéro dans le carré ☐ :*

la portière ☐	le pare-chocs ☐
le capot ☐	la roue ☐
le phare ☐	le volant ☐

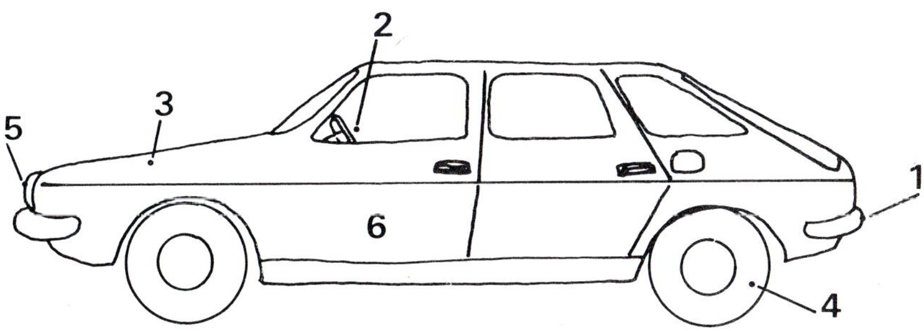

lise est triste.

1 lise est triste.

moi, pour la consoler,
dit colette,
je lui donnerai mon bonnet.

2 moi, pour la consoler,
dit sabine,
je lui donnerai mon ballon.

3 moi, pour la consoler,
dit josé,
je lui donnerai mon goûter.

4 moi, pour la consoler,
dit rené,
je lui donnerai mes bonbons.

5 moi, dit laurence,
pour la consoler
je n'ai
ni bonnet, ni goûter,
ni ballon, ni bonbons.

tout ce que je peux lui offrir,
c'est mon plus joli sourire.

1 ***Je recopie et je complète les phrases :***

colette lui donnera . . . . . .
sabine lui donnera . . . . . .
rené lui donnera . . . . . .
moi, je lui offrirai . . . . . .

2 ***Je remplace le point par* v *ou* b :**

la .ipère	le na.ire
un bi.eron	une .otte
une .ulle	une .alise

3 ***Je remplace le tiret (—) par* sa *ou* son :**

— niche	— corde
— mécano	— bras
— confiture	— livre

4 ***Quel désordre !... j'écris correctement les mots :***

	b un o nn et
	le b on ll a
	un b on on b
	un s i ou r e r

de la farine, des œufs, du lait...

1 de la farine,
des œufs,
du lait,
de l'eau,
du sel,
voilà la pâte à crêpes.

2 une poêle,
du beurre,
une louche,
et une flamme vive,
elles sont presque prêtes.

3 un tour en l'air,
une face est cuite.
un tour en l'air,
l'autre face est cuite.

4 un peu de sucre pour eddy,
un peu de confiture pour cathy,

5 que ces crêpes
sont savoureuses,
que ces crêpes
sont délicieuses !

6 mais avec ces crêpes
savoureuses et délicieuses,
attention !...
aux petits ventres gourmands.

1 ***Je dis oui ou non :***

pour une pâte à crêpes, il faut :
de la farine,
du poivre.
pour faire cuire les crêpes, il faut :
une casserole,
une poêle.

2 ***Je remplace le point par f ou v :***

la .orêt	un .élo
une oli.e	la cara.e
du ca.é	la .érité

3 ***Quand il le faut, je remplace le point par s :***

le tissu.	les navire.
les sac.	le chiffon.
les parasol.	le renard.

4 ***Je recopie et je complète les phrases :***

une poêle

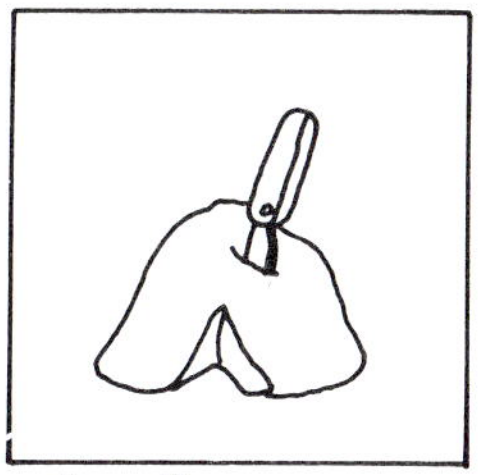
le beurre

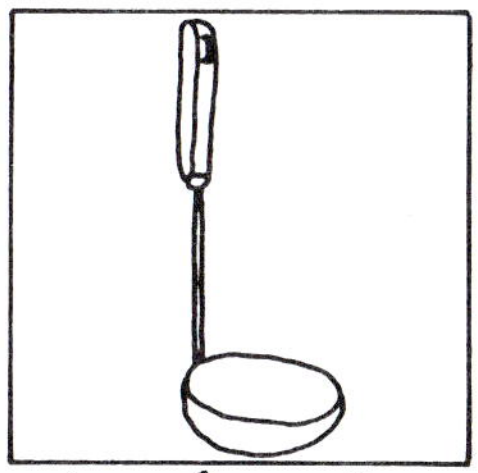
la louche

elle est plate : c'est . . . . . .
un bol au bout d'un manche : c'est . . . . . .
il fond au soleil : c'est . . . . . .

rené, veux-tu jouer avec moi ?

1 rené, veux-tu jouer avec moi ?
oh ! non, je cire mes souliers.

2 aline, veux-tu jouer avec moi ?
oh ! non, je lave mon tablier.

3 claude, veux-tu jouer avec moi ?
oh ! non, j'ai ma chambre à ranger.

4 christine, veux-tu jouer avec moi ?
oh ! non, j'ai ma poupée à langer.

5 je voudrais bien, moi aussi,
cirer mes souliers,
laver mon tablier,
ranger ma chambre,
langer ma poupée,
mais je suis trop petit.

6 je suis trop petit,
mais aussi bien triste,
de jouer tout seul,
comme un tout-petit.

1 ***Je recopie et je complète les phrases :***

rené cire ses . . . . . .
claude range sa . . . . . .
aline lave son . . . . . .
je suis trop petit et bien . . . . . .

2 ***Je remplace le tiret (—) par* u *ou* ou :**

la p—pée
une m—le
une t—lipe
un l—p
la p—rée
la t—r

3 ***Quand il le faut, je remplace le point par* s :**

un marché.
des bouquet.
un guidon.
des moustique.
un escargot.
des fromage.

4 ***Je recopie les phrases et j'écris le bon numéro dans le carré ☐ :***

1

2

3

avec lui, je ne tache pas mon chandail ☐
je la berce, je la soigne comme ma fille ☐
elles protègent mes pieds ☐

denis doit acheter du sirop.

1 denis doit acheter du sirop.

il entre dans une boutique.
oh ! c'est la boucherie.

2 il entre dans une autre boutique.
oh ! c'est la boulangerie.

3 il entre dans une troisième boutique.
oh ! c'est le bijoutier.

4 le voilà maintenant
dans la boutique du cordonnier.

5 où est donc
le marchand de médicaments ?

6 que c'est fatigant,
que c'est fatigant !
pourquoi maman
ne m'a-t-elle pas dit
d'acheter
un gigot à la boucherie,
un pain à la boulangerie,
un collier à la bijouterie,
ou
des chaussures à la cordonnerie ?

1 ***J'écris ce qui est vrai dans l'histoire :***

denis doit acheter du sirop.
la troisième boutique c'est la boucherie.
la boulangerie vend des légumes.
le bijoutier vend des colliers.

2 ***Je remplace le tiret (—) par*** **ou** ***ou*** **oi** **:**

de la sem—le	je t—sse
une s—rée	un l—r
une c—ture	une ét—le

3 ***Quand il le faut, je remplace le point par*** **s** **:**

les tarte.	la piste.
la marmite.	les lame.
les bête.	la pédale.

4 ***Je recopie les phrases et j'écris le bon numéro dans le carré*** □ **:**

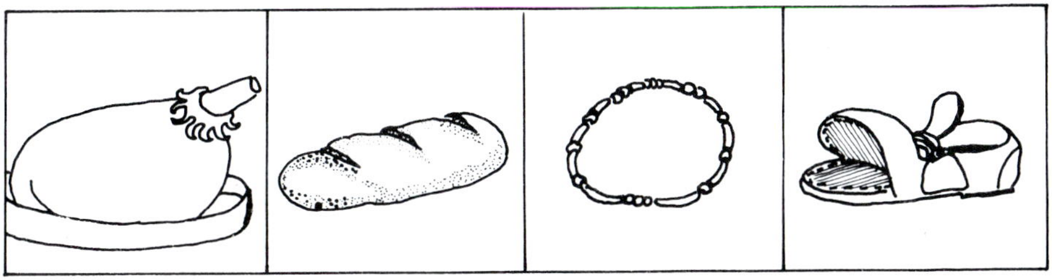

1 2 3 4

chez le boulanger, on achète le numéro □
chez le boucher, on achète le numéro □
chez le cordonnier, on porte le numéro □
chez le bijoutier, on achète le numéro □

cocorette la poulette.

1 cocorette la poulette,
la poulette cocorette
s'est égarée dans le bois.

2 le loup la surprend
et lui dit :
"cocorette, cocorette,
je vais te croquer."

3 ô ! loup, répond cocorette,
comment peux-tu me croquer ?
vois mes plumes ;
elles t'étoufferaient.

4 laisse-moi retourner à la ferme;
le fermier me plumera
et toi, loup, me croqueras.
ce sera meilleur pour toi.

bonne idée ! répond le loup.

5 depuis ce jour,
le loup attend dans le bois.
depuis ce jour,
plus de poules dans le bois.

1 ***J'écris ce qui est vrai dans l'histoire :***

la poulette s'appelle picorette.
elle s'est égarée dans le bois.
elle rencontre un renard.
le loup n'a pas mangé cocorette.

2 ***Je remplace le tiret (—) par* oi *ou* io :**

une p—che
la v—ture
un v—lon
une p—re
un tir—r
un char—t

3 ***Quand il le faut, je remplace le point par* s :**

une toupie.
une mousse.
des vipère.
des banane.
une cave.
des robe.

4 ***Je recopie et je complète les phrases :***

le loup

la poule

l'arbre

des feuilles, des branches, un tronc : c'est ......
des oreilles pointues, des dents pointues : c'est ......
un bec, des ailes, des plumes : c'est ......

tony, veux-tu ne pas grogner...

1 “tony, veux-tu
ne pas grogner
comme un ours ?

2 “tony, veux-tu
ne pas renifler
comme un chien ?

3 “tony, veux-tu
ne pas braire
comme un âne ?

4 “tony, veux-tu
ne pas jacasser
comme une pie,
ni pépier
comme un pinson ?

5 “j’aime bien
l’ours, le chien, l’âne,
la pie et le pinson,
dit tony,
mais je ne leur ressemble pas :

la voisine le dit souvent :
je ressemble à ma maman.”

1 ***J'écris ce qui est vrai dans l'histoire :***

tony aime bien l'ours.
il renifle comme un âne.
il aime aussi le pinson.
il ressemble à papa.

2 ***Je remplace le (—) par* gu *ou* qu :**

une ba—e
un bou—et
le —idon
la —êpe
un mas—e
une to—e

3 ***Quand il le faut, je remplace le point par* s :**

mes soulier.
ma main.
ma plume.
ma chemise.
mes bague.
mes boucle.

4 ***Je recopie les phrases et j'écris le bon numéro dans le carré*** ☐ **:**

1 2 3 4

elle jacasse : c'est le numéro ☐
il grogne : c'est le numéro ☐
il brait : c'est le numéro ☐
il bêle : c'est le numéro ☐

maman est sortie.

1 maman est sortie.
aline, prenons vite
un bol, de l'eau et du savon.
moussons, moussons, moussons.

2 maman est sortie.
aline, prenons vite
une paille ou un macaroni long.
mousssons, moussons, moussons.

3 maman est sortie.
aline, agitons vite
l'eau et le savon.
moussons, moussons, moussons

4 maman est sortie.
aline, soufflons...
dans la paille ou le macaroni long.
moussons, moussons, moussons.

5 quand maman rentrera,
nous lui offrirons
des bulles de savon
grosses comme des ballons.

1 ***Je dis* oui *ou* non :**

maman est à la maison.
aline a pris un bol.
elle souffle dans un macaroni.
les bulles seront très grosses.

2 ***Je remplace le tiret (—) par* al, ol *ou* il :**

le loc—	un s—dat
un paras—	le chev—
du f—	un f—m

3 ***Quand il le faut, je remplace le point par* s :**

ta chatte.	tes pantalon.
tes fraise.	ta langue.
ta chambre.	tes crayon.

4 ***Quel désordre !... j'écris correctement la phrase :***

aline l'eau
et
agite le savon
dans bol
le

aline paille
la
souffle dans

lise est coquette.

1 lise est coquette.
elle a noué, dans ses cheveux,
un beau ruban bleu.

2 lise est coquette.
elle a mis sa jolie robe,
sa jolie robe de velours rouge.

3 lise est coquette.
elle a mis ses plus beaux souliers,
ses beaux souliers vernis.

4 lise est coquette.
elle a fait grande toilette,
pour aller chez antoinette.

5 qui donc est antoinette ?

antoinette est la grand-mère
la chère grand-mère
de lise la coquette.

6 et aujourd'hui c'est fête
pour lise la coquette
qui va jouer avec antoinette
à la dînette.

1 ***Je recopie et je complète les phrases :***

le ruban est . . . . . .
la robe est . . . . . .
lise rend visite à . . . . . .
aujourd'hui c'est . . . . . .

2 ***Je remplace le tiret (—) par ac, ic ou uc :***

le l—	l—
une d—tée	ér—
un d—	un s—

3 ***Quand il le faut, je remplace le point par s :***

ses rose.	sa lampe.
ses orange.	sa pendule.
sa chanson.	ses lèvre.

4 ***Je recopie les phrases et j'écris le bon numéro dans le carré ☐ :***

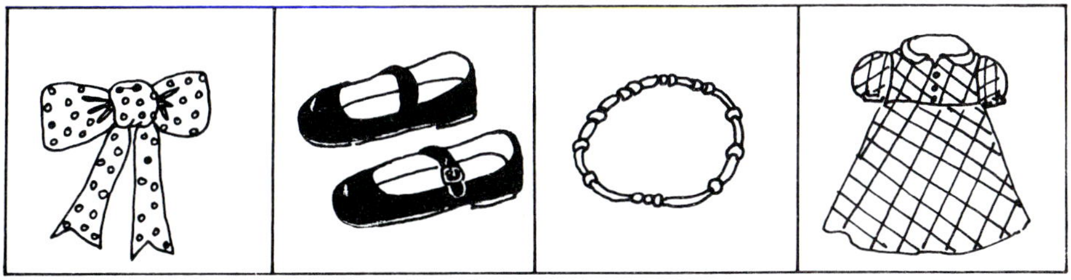

1 2 3 4

lise a mis sa jolie robe ☐
lise a noué son ruban bleu ☐
lise a chaussé ses souliers vernis ☐
lise a mis son collier de perles ☐

jamais d'accord ! jamais d'accord !

1 jamais d'accord !
jamais d'accord !

papa dit :
"ce soir, à la télé,
je veux regarder le match de football,
sur la deuxième chaîne."

2 maman répond :
"ce soir, à la télé,
je veux regarder le feuilleton
sur la première chaîne."

3 papa pousse le "bouton football".
maman pousse le "bouton feuilleton".

le match ?... le feuilleton ?...
qui gagnera ?
papa ?... maman ?...

4 personne ne gagnera.
ce soir, monsieur le poste de télé
a décidé de se reposer.
monsieur le poste de télé est en panne.
ces disputes l'ont fatigué.

1 ***J'écris ce qui est vrai dans l'histoire :***

papa veut regarder un film.
maman veut regarder le feuilleton.
le poste de télé est en panne.

2 ***Je remplace le tiret (—) par* ch *ou* h :**

une —atte	la mou—e
la —ache	une —utte
un —ou	un —érisson

3 ***Quand il le faut, je remplace le point par* s :**

notre front.	notre ventre.
nos doigt.	nos oreille.
notre cou.	nos dent.

4 ***Je recopie et je complète les phrases :***

la radio

la photo

la télé

on voit, on n'entend rien : c'est ......
on entend, on ne voit rien : c'est ......
on entend et on voit : c'est ......

moi, dit l'éléphant...

1 moi, dit l'éléphant,
pour me défendre
j'ai mes défenses.

2 moi, dit le tigre,
pour me défendre
j'ai mes crocs terribles.

3 moi, dit le crocodile,
pour me défendre
j'ai mes énormes mâchoires.

4 moi, dit le rhinocéros,
pour me défendre
j'ai ma puissante corne.

5 moi, dit le serpent,
pour me défendre
j'ai mes puissants anneaux.

6 moi, dit claude,
pour me défendre
j'ai ma maman,
et c'est très suffisant.

1 ***Je dis oui ou non :***

pour se défendre :
l'éléphant a des crocs terribles,
le crocodile a d'énormes mâchoires,
le serpent a une corne,
claude a sa maman.

2 ***Je remplace le tiret (—) par an ou a :***

une bal—ce
un c—nard
il ch—te
un rub—
il ch—sse
une d—me

3 ***Quand il le faut, je remplace le point par s :***

votre assiette.
votre écharpe.
vos chaussure.
vos lapin.
votre ballon.
vos patin.

4 ***Je recopie et je complète les phrases :***

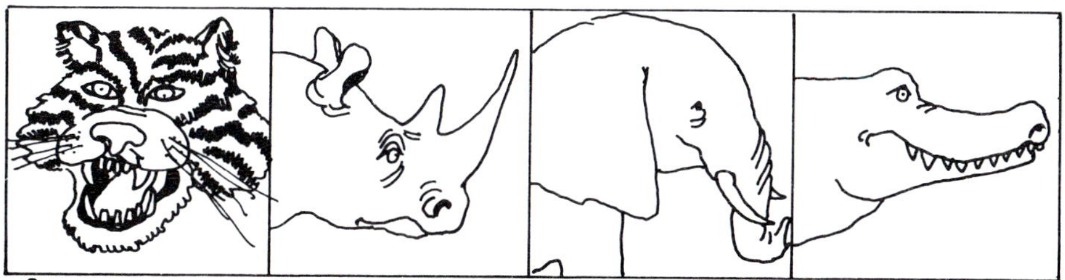

le tigre — le rhinocéros — l'éléphant — le crocodile

sa corne est puissante : c'est ......
ses crocs sont terribles : c'est ......
ses défenses sont longues : c'est ......
ses mâchoires sont énormes : c'est ......

papa tapisse la chambre de frédéric.

1 papa tapisse la chambre de frédéric.
avec un gros pinceau
il encolle le papier,
le plaque sur le mur,
et voilà :

2 les chatons
qui tournent en rond,
le kangourou
qui fait des bonds,
le lion qui rugit,
la vache qui mugit.

3 toutes ces bêtes sont bien sages,
sages comme des images.

4 sur son lit,
frédéric tourne en rond,
fait des bonds,
rugit, mugit,
comme
les chatons, le kangourou,
le lion et la vache
qui ne veulent pas
descendre sur le lit
jouer avec lui.

5 ils restent sur le mur,
sages, sages, sages,
sages comme des images.

1 Je devine et j'écris dans l'ordre :

la de
papa
tapisse frédéric
chambre

bêtes
sont sages
des les images
comme

2 Je remplace le tiret (—) par au ou a :

des ch—ssures
un land—
une cab—ne

il s—te
un can—ri
une c—pe

3 Je remplace ce qui est entouré par il ou elle :

émile court
bébé suce son pouce
ma jupe est décousue

sa robe est tachée
éric joue au cerceau
cécile se lave

4 Quel désordre !... j'écris correctement les mots :

	ch un t on a
	g k ou le an ou r
	on un l i
	e a une v ch

maman, maman, ne me laisse pas seul...

1 maman, maman,
ne me laisse pas seul.

2 as-tu peur du loup ?
non maman,
le loup est dans le bois.

3 as-tu peur du rat ?
non maman,
le rat est dans son trou.

4 as-tu peur du vent ?
non maman,
le vent souffle dehors.

5 as-tu peur de l'éclair ?
non maman,
l'éclair est haut dans le ciel.

6 maman, maman,
ne me laisse pas seul.
j'ai peur de te désobéir
en prenant
un
deux
trois
trois ou quatre ou cinq
chocolats fourrés,
que tu as si bien cachés
tout en haut du buffet.

1 ***Je recopie et je complète les phrases :***

le rat est dans son ......
le loup est dans le ......
le vent souffle ......
les chocolats sont en haut du ......

2 ***Je remplace le tiret (—) par an ou au :***

un p—talon
à g—che
ma l—gue

tu s—tes
une m—che
les anim—x

3 ***Je remplace ce qui est entouré par il ou ils :***

le chat ronronne
les champignons sont délicieux
les verres sont rangés

les flocons voltigent
le peigne est cassé
le meuble est ciré

4 ***Je recopie la phrase et j'écris le bon numéro dans le carré ☐ :***

1 2 3 4

de petites dents qui rongent, qui rongent ☐
souffle, souffle sur les ailes du moulin ☐
il a mangé le petit chaperon rouge ☐
pour les gourmands ☐

catapulco est un grand chef.

1 catapulco est un grand chef,
un grand chef indien.

2 assis par terre,
les jambes croisées,
près du feu,
catapulco ne rit pas.
catapulco est un vrai chef indien.

3 le tomawak dans sa main droite,
le calumet dans sa main gauche,
la plume sur le crâne,
catapulco est un vrai chef indien.

4 il fait nuit.
il fait froid.
il fait peur.

grand chef catapulco
s'enveloppe dans sa couverture,
et rentre.

5 catapulco rentre à la maison,
à la maison de papa et maman.

"salut à toi, grand chef laurent"
dit petite sœur aline
au grand chef catapulco.

1 **Je devine et j'écris dans l'ordre :**

catapulco chef est un vrai indien	catapulco la à rentre de maison papa

2 **Je remplace le tiret (—) par i ou in :**

un lap—	le s—lence
du r—z	un pouss—
un chem—	la chem—se

3 **Je remplace ce qui est entouré par elle ou elles :**

les chaises sont en chêne	la douleur est vive
la grenouille coasse	les bouteilles sont vides
les graines sont semées	la coquille est brisée

4 **Je recopie et je complète les phrases :**

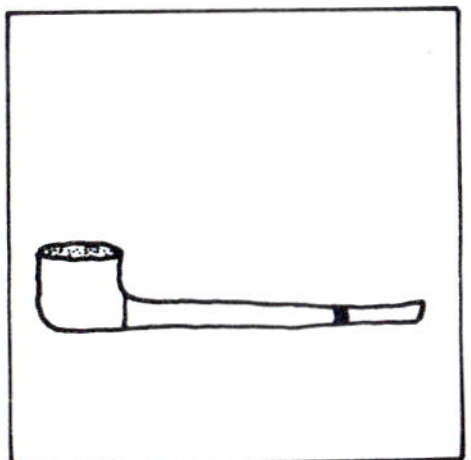
le calumet

le feu

les plumes

il nous chauffe, il nous brûle : c'est ......
elles protègent l'oiseau : ce sont ......
papa pourrait le fumer : c'est ......

un poussin, deux poussins...

1 un poussin,
deux poussins,
trois poussins,
quatre, cinq, six, sept,
sept petits poussins
autour de maman poule.

2 sept petites boules
qui picorent par-ci,
qui picorent par-là :
à droite, un ver ;
à gauche, une graine ;
devant, une miette ;
derrière, une pâquerette.

3 cot, cot, cot !
leur dit maman poule,
cot, cot, cot !
n'allez pas trop loin
et prenez grand soin
de ne pas approcher
trop près du rocher.

4 derrière ce rocher
pourraient se cacher
une queue touffue
et un museau pointu.

5 savez-vous qui est le méchant
à la queue touffue
et au museau pointu ?

1 ***Je devine et j'écris dans l'ordre :***

sept maman poule a poussins	le le renard se cache derrière rocher

2 ***Je remplace le tiret (—) par gn ou gu :***

un pei—e	un champi—on
la —itare	la monta—e
je suis fati—é	une —enon

3 je ***chant***e tu ***chant***es

Je remplace le tiret (—) par e ou es :

je mang— une poire	je rang— mes jouets
tu jou— à la marelle	j'écout— attentivement
tu port— le panier	tu cass— un œuf

4 ***Quel désordre !... j'écris correctement les mots :***

un p ou ss in

une p e r qu â ette

le ch r o er

moi, dit pierre...

1 moi, dit pierre,
je suis la locomotive.

2 moi, dit jean,
je suis le wagon de charbon.

3 moi, dit louis,
je transporte les voyageurs.

4 moi, dit éric,
je suis le chef de gare.

5 “en route !” siffle le chef de gare.
lentement, lentement,
puis de plus en plus vite,
le train s’élance
à travers le pays.

6 premier arrêt : le salon.
deuxième arrêt : la salle à manger.
troisième arrêt : la chambre à coucher.
terminus : la cuisine.

7 la locomotive, trop rapide,
heurte la table.
la carafe est brisée.
le voyage est terminé.

1 ***Je recopie et je complète les phrases :***

pierre dit : je suis . . . . . .
éric dit : je suis . . . . . .
premier arrêt : . . . . . .
la locomotive heurte . . . . . .

2 ***Je remplace le tiret (—) par ai ou ain :***

un bal—	la m—son
la m—	al—
du p—	la font—ne

3 ***il chante*** ***tu chantes***

Je remplace le tiret (—) par e ou es :

il rentr— de voyage	il ramass— des châtaignes
tu corrig— ta faute	il arros— le chat
il regard— à la fenêtre	tu marqu— un but

4 ***Quel désordre !... j'écris correctement les mots :***

la
l o m v i
c o e
o t

une
a c
r e
f a

un
g w
a on

j'ai deux mains.

1 j'ai dcux mains,
deux petites mains.

2 avec 1, 2, 3, 4, 5,
cinq doigts à droite.

3 avec 1, 2, 3, 4, 5,
cinq doigts à gauche.

4 elles sont obéissantes,
et font tout ce que je veux.

5 avec elles,
je couds,
je tricote,
je pianote,
ou je me gratte l'oreille.

6 avec elles,
je balaie,
je me coiffe,
je dessine,
ou je pince mireille.

7 avec elles, ce que je préfère,
c'est caresser maman,
ses deux mains
et ses dix doigts.

1 ***Je dis* oui *ou* non :**

J'ai deux grandes mains.
elles font tout ce que je veux.
je me gratte l'oreille.
je pince caroline.

2 ***Je remplace le tiret (—) par* eu *ou* en :**

la p—dule	une t—te
un chev—	la qu—e
un m—ble	le m—ton

3 je ***chant***e tu ***chant***es

***Je remplace le tiret (—) par* e *ou* es :**

tu allum— la bougie	je march— sur le trottoir
je tir— la corde	tu roul— dans l'herbe
tu mang— trop vite	j'épluch— une banane

4 ***Je recopie les phrases et j'écris le bon numéro dans le carré*☐ :**

1

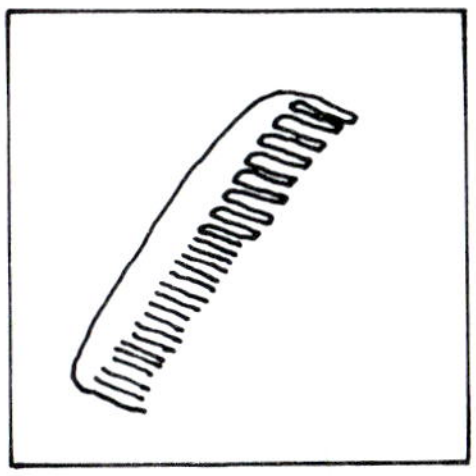

2

3

je coiffe maman ☐
je couds un bouton☐
je lave une assiette☐

je suis l'âne qui porte...

1 je suis l'âne qui porte
des fagots de bois coupé.

2 je suis l'âne qui porte
des corbeilles de fruits dorés.

3 je suis l'âne qui porte
des paniers de légumes frais.

4 je suis aussi l'âne du pain,
c'est moi qui porte
le blé au moulin
et la farine au pétrin.

5 mais jamais de merci,
mais jamais de caresse !

6 je serais si heureux
de porter tout le jour
des fagots, des corbeilles,
des paniers et des sacs...

avec un merci,
avec une caresse.

1 ***Je recopie et je complète les phrases :***

les paniers sont remplis de . . . . . .
les corbeilles sont remplies de . . . . . .
l'âne voudrait qu'on lui dise . . . . . .

2 ***Je remplace le tiret (—) par* eur *ou* our :**

un chant—	un dans—
la coul—	elle est s—de
une c—se	bonj—

3 tu ***chant***es il ***chant***e

***Je remplace le tiret (—) par* es *ou* e :**

tu te fâch—	tu rinc— ton éponge
il cach— son mouchoir	tu repass— ta jupe
il aval— un cachet	il chang— de tricot

4 ***Je recopie et je complète les phrases :***

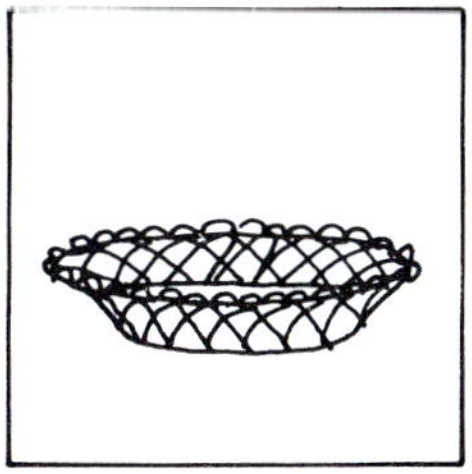

une corbeille

un panier

un sac

je le prends pour les courses : c'est . . . . . .
on y entasse les fruits : c'est . . . . . .
il est rempli de pommes de terre : c'est . . . . . .

je donne ma toison...

1 je donne ma toison,
ma toison de laine,
ma toison de laine blanche.

2 en quelques coups de tondeuse,
me voilà
nu comme un ver,
pas un verre à boire,
me voilà nu comme un ver de terre,
ou nu
comme un petit garçon
ou une petite fille
qui prend son bain.

3 ma laine blanche deviendra
un gilet vert,
une écharpe rouge,
des chaussettes noires,
des gants jaunes.

4 tout cela pour luc
qui s'en ira dans la neige,
dans la neige blanche
comme ma toison
de petit mouton.

5 si j'ai froid
je demanderai à luc
son gilet, son écharpe,
ses chaussettes et ses gants.

1 ***J'écris ce qui est vrai dans l'histoire :***

ma toison de laine est noire.
l'écharpe sera verte.
les gants seront jaunes.
marc s'en ira dans la neige.

2 ***Je remplace le tiret (—) par* ail, eil *ou* euil :**

un faut—	un chand—
le rév—	le sol—
un évent—	un écur—

3 elle ***chant***e tu ***chant***es

***Je remplace le tiret (—) par* e *ou* es :**

elle continu— à pleurer	tu demand— à boire
tu suc— ton doigt	tu parl— trop
elle renseign— un voyageur	elle partag— ses bonbons

4 ***Je recopie les phrases et j'écris le bon numéro dans le carré □ :***

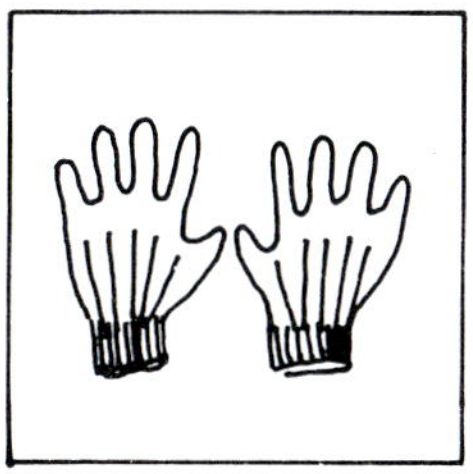

1

2

3

elle est autour du cou □
elles chaussent mes pieds □
ils protègent mes mains □

louis a un biscuit.

1 louis a un biscuit
dans son cartable.
louis a des billes
dans sa poche.

2 louis ne pense pas au biscuit
qui s'écrase dans son cartable.
louis ne pense pas aux billes
qui roulent dans sa poche.

3 louis ne pense qu'à ses bottes,
à ses belles bottes neuves.
elles sont en cuir solide,
avec de longues franges,
comme celles des chefs indiens.

4 louis se fait tout léger
pour ne pas les fatiguer.
il évite la boue
pour ne pas les salir,
et les cailloux
pour ne pas les écorcher.

5 louis voudrait bien
les porter dans ses mains
ses belles bottes
toutes neuves,
en cuir solide,
avec de longues franges,
comme celles des chefs indiens.

1 **Je dis oui *ou* non :**

louis a un biscuit dans sa poche
ses bottes sont neuves
les franges des bottes sont courtes

2 ***Je remplace le tiret (—) par* tr, dr *ou* pr :**

un —apeau
une —une
la mon—e
une fenê—e
un ca—an
la —ison

3 je ***chant***e nous ***chant***ons

***Je remplace le tiret (—) par* e *ou* ons :**

je savonn— mes oreilles
je sautill— sur place
nous visit— le parc
je gagn— au loto
nous pleur—
nous plum— des coquelets

4 ***Je recopie et je complète les phrases :***

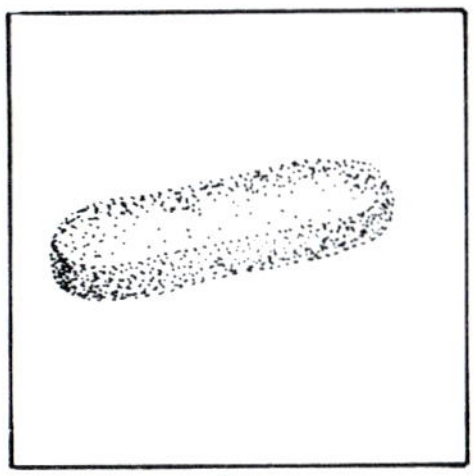

un biscuit

un caillou

la bille

toute ronde pour bien rouler : c'est ......
bon à manger : c'est ......
ne pas lancer dans une vitre : c'est ......

sur une feuille blanche...

1 sur une feuille blanche,
avec un crayon bleu,
un crayon rouge,
un crayon vert,

2 je fais
un joli pré tout rouge,
une grande maison verte,
et pour garder
mon pré et ma maison
je dessine...
un gros chien bleu.

3 tout le monde est heureux :
le pré, qui n'est pas vert
la maison, qui n'est pas blanche,
le chien, qui n'est pas gris,
et moi je suis heureux
d'avoir changé les couleurs.

4 je pourrai
m'abriter dans ma maison verte,
me rouler dans le pré rouge,
et caresser mon gros chien bleu.

5 et tant pis pour ceux
qui se moqueront de moi
à cause de ma maison,
de mon pré et de mon gros chien.

1 ***Je devine et j'écris dans l'ordre :***

le chien
gros la
gardera maison

roulerai dans
je
me le
pré

2 ***Je remplace le tiret (—) par* tr, cr *ou* gr :**

de la —aie
une —anche de pain
la —oûte

une —esse
un ti—e
l'ours —onde

3 tu ***chant***es vous ***chant***ez

***Je remplace le tiret (—) par* es *ou* ez :**

tu lâch— ton ballon
vous mérit— une récompense
vous dérang— les voisins

tu pens— à noël
vous sci— des bûches
tu effac— ton dessin

4 ***Je recopie et je complète les phrases :***

un crayon

une maison

un pré

son chapeau est souvent rouge ou gris, c'est . . . . . .
couvert d'herbe verte, c'est . . . . . .
je le taille pour écrire bien fin, c'est . . . . . .

on dit : le renard est menteur...

1 on dit :
le renard est menteur,
le renard est coquin,
le renard est voleur.

2 on dit aussi :
le renard est malin,
il est tricheur, il est gourmand.

3 moi, qui suis un vrai renard,
je dis :
le renard est malin,
mais il n'est ni coquin,
ni menteur, ni tricheur.

4 moi, qui suis un vrai renard,
je dis :
le renard des contes
ça n'existe pas.

5 je suis gourmand
comme tous les petits enfants.

6 pour nourrir ma renarde
et mes petits renardeaux,
je suis bien obligé
de chasser les poules.

7 tant pis pour le fermier,
il n'a qu'à bien les enfermer !

1 ***Je devine et j'écris dans l'ordre :***

le renard gourmand est	il pour sa chasse nourrir famille

2 ***Je remplace le tiret (—) par* pr, br *ou* fr :**

le —intemps	une —osse
une —indille	du —omage
une —aline	mon —ont

3 nous ***chant***ons vous ***chant***ez

***Je remplace le tiret (—) par* ons *ou* ez :**

nous vid— nos cartables	vous vous sauv—
vous coll— vos gommettes	nous pouss— les bancs
vous dessin— un chien	nous nous amus—

4 ***Je recopie et je complète les phrases :***

terrier étable niche nid

pour dormir,
la vache revient dans son ......
l'oiseau revient dans son ......
le chien revient dans sa ......
et le renard revient dans son ......

plus loin quc ma maison.

1 plus loin que ma maison,
plus loin que ma ville,
plus loin que mon pays,
là-bas, très loin,
bamba, le petit garçon noir
voudrait bien jouer, comme moi,
au chat perché,
à la balle,
à la marelle,
au toboggan,
au tourniquet.

2 moi, je voudrais bien jouer, comme lui,
avec le zèbre rayé
et le lion rugissant,
le tigre bondissant
et le serpent rampant,
le crocodile bâillant
et le singe grimaçant.

3 surtout, surtout
je voudrais tant avoir,
comme les petits enfants noirs,
un immense jardin :
la jungle ou la savane.

1 ***Je devine et j'écris dans l'ordre :***

jouer bamba
voudrait la à
marelle

je immense
un jardin
voudrais

2 ***Je remplace le tiret (—) par* br, vr, *ou* dr :**

un ca—e
ma lè—e
un sa—e

une —anche
une chè—e
à —oite

3 elle ***chant***e elles ***chant***ent

***Je remplace le tiret (—) par* e *ou* ent :**

elle se bless— au genou
elles ferm— leurs cahiers
elle froiss— sa robe

elle lèch— son chaton
elles remont— chez elles
elles baign— leurs poupées

4 ***Quel désordre !... j'écris correctement les mots :***

t b an
un
o o g g

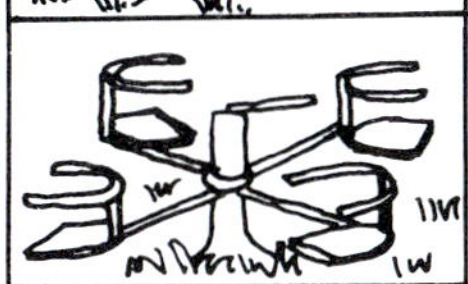

t i
un n et
our qu

le z br
è e

j'ai dessiné un chat.

1 j'ai dessiné un chat
et il a miaulé.

2 j'ai dessiné un loup
et il a hurlé.

3 j'ai dessiné une vache
et elle a beuglé.

4 j'ai dessiné un chien
et il a aboyé.

5 j'ai dessiné un ours
et il a grogné.

6 j'ai dessiné une cage
et j'y ai mis
le chat, qui miaulait,
le loup, qui hurlait,
la vache, qui beuglait,
le chien, qui aboyait,
l'ours, qui grognait.

quel vacarme !

7 maman est accourue
pour voir
qui miaulait, hurlait, beuglait,
aboyait et grognait.

1 ***Je recopie et je complète les phrases :***

le loup a . . . . . .
l'ours a . . . . . .
dans la cage, j'ai mis . . . . . .

2 ***Je remplace le tiret (—) par* pl *ou* bl :**

une —ume
le ta—eau
un —at

la —ouse
une —anche
une robe —anche

3 **je suis** **tu es**
J'écris* suis *ou* es *à la place du tiret (—) :

je — parti
tu — sorti
tu — bavard

je — fatigué
je — allée
tu — en retard

4 ***Je recopie et je complète les phrases :***

une vache un chat un chien un ours

j'aime le miel : je suis . . . . . .
j'ai de belles moustaches : je suis . . . . . .
bon gardien : je suis. . . . . .
avec mes deux cornes et mon lait : je suis . . . . . .

rené désire pour son noël...

1 rené désire pour son noël :

un éléphant
aux longues défenses,

2 une girafe
à la tête haut perchée,

un lion
aux griffes crochues,

3 un hippopotame
à la gueule énorme
et...
un chien pour surveiller
tout ce monde.

4 c'est trop, c'est trop,
dit maman

5 avec l'éléphant, le plancher s'écroulera,
avec la girafe, le plafond se percera,
avec le lion, la nappe se déchirera,
avec l'hippopotame, le vase se brisera,
et le chien,
de peur,
se sauvera.

1 ***J'écris ce qui est vrai dans l'histoire :***

les défenses de l'éléphant sont longues.
la gueule de l'hippopotame est petite.
l'éléphant déchirera la nappe.
le chien se sauvera.

2 ***Je remplace le tiret (—) par* gl, cl *ou* fl :**

de la —ace	un —acon
un —airon	un —ou
une rè—e	une —ûte

3 **tu es   il est**
écrire* es *ou* est *à la place du tiret (—) :

tu — assis	il — couché
il — enfermé	il — gai
tu — joyeux	tu — belle

4 ***Je recopie et je complète les phrases :***

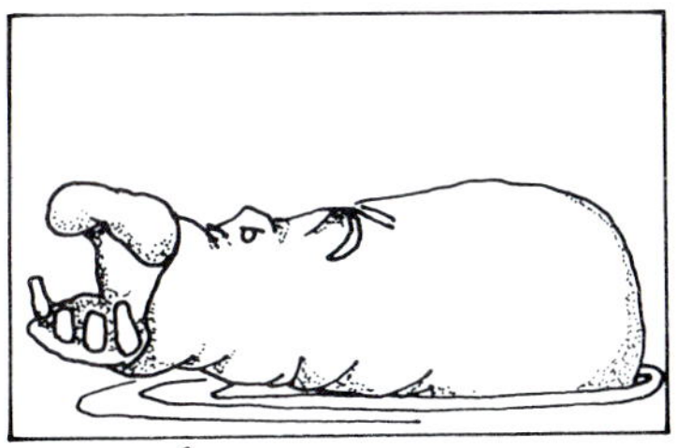

un éléphant   une girafe   un hippopotame

énorme, énorme, énorme comme . . . . . .
long, long, long comme . . . . . .
fort, fort, fort comme . . . . . .

papa dit que je suis grande...

1 papa dit que je suis grande
et il ne veut pas
que je conduise l'auto,
comme lui.

2 maman dit que je suis grande
et elle ne veut pas
que je touche aux allumettes,
comme elle.

3 papa dit que je suis grande
et il ne veut pas
que je fume la pipe,
comme lui.

4 maman dit que je suis grande
et elle ne veut pas
que je me maquille,
comme elle.

5 papa et maman se trompent
quand ils disent
que je suis grande ;

6 ils ne veulent pas
que je touche à tout,
comme eux.

1 ***Je recopie et je complète les phrases :***

papa ne veut pas que je conduise . . . . . .
maman ne veut pas que je me . . . . . .
papa ne veut pas que je fume . . . . . .

2 ***Je remplace le tiret (—) par ar ou or :***

la t—te
la p—te
une b—be

la m—mite
une c—ne
la t—tue

3 **tu es** **elle est**
écrire es ou est à la place du tiret (—) :

tu — attentif
tu — grognon
elle s'— coupée

tu — polisson
elle — blonde
elle — fâchée

4 ***Je recopie les phrases et j'écris le bon numéro dans le carré □ :***

1 2 3 4

maman conduit l'auto □
elle range l'armoire □
papa répare le tabouret □
il range les papiers dans le tiroir □

qui a volé le poisson ?

1 qui a volé le poisson ?
“ce n’est pas moi”, dit minou
tout doux, caressant, miaulant.

2 qui a cassé le vase ?
“ce n’est pas moi”, dit minou
tout doux, caressant, miaulant.

3 qui a déchiré le rideau ?
“ce n’est pas moi”, dit minou
tout doux, caressant, miaulant.

4 qui a renversé la poubelle ?
“ce n’est pas moi”, dit minou
tout doux, caressant, miaulant.

5 tout le monde accuse bichon,
notre bon chien bichon,
si bruyant, si remuant, si souillon.

6 moi, piou-piou le pinson,
bien à l’abri dans ma cage,
je sais que le diable
qui vole, qui déchire,
qui casse, qui renverse,
c’est minou
tout doux, caressant, miaulant.

1 ***Je devine et j'écris dans l'ordre :***

a minou cassé le vase	minou poubelle la a renversé

2 ***Je remplace le tiret (—) par* as *ou* is :**

une p—te	une c—cade
la d—pute	un m—que
la b—cule	la l—te

3 **nous sommes vous êtes**

écrire* sommes *ou* êtes *à la place du tiret (—) :

nous — dans la classe	vous — gourmands
vous — grandes	nous — contents
nous — bavards	vous — en colère

4 ***Quel désordre !... j'écris correctement les mots :***

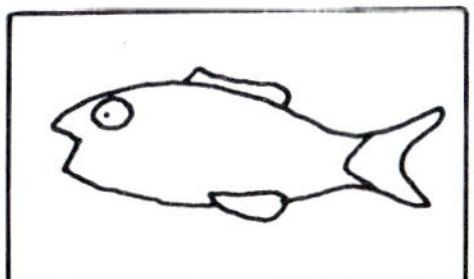

p
un oi on
ss

r
le i
d eau

ou
une p b
elle

maman est à l'hôpital.

1 maman est à l'hôpital.

pour nous tous
c'est bien triste
de ne pas avoir maman
à la maison.

2 qui nous fera à manger ?
qui lavera le linge ?
qui rangera l'armoire ?
et qui fera les courses ?

3 surtout, surtout,
qui fera le câlin du matin
et le câlin du soir ?

4 papa dit :
"maman n'est pas malade ;
elle reviendra bientôt
avec, dans ses bras, un joli bébé
qui sera, peut-être, votre petite sœur,
peut-être, votre petit frère.

5 en attendant son retour
je ferai la lessive,
la cuisine et le ménage,
sans oublier le câlin
à ceux qui seront sages."

1 ***Je dis oui ou non :***

tout le monde est triste
maman est malade
papa fera le ménage

2 ***Je remplace le tiret (—) par* bar *ou* bra :**

son —celet	une —que
mon —s	un —ve garçon
il m'em—sse	un —bare

3 **nous sommes ils sont**

Je recopie les phrases et j'écris* sommes *ou* sont *à la place du tiret (—) :

nous — couchés	ils — au marché
ils — en récréation	nous — à la plage
ils — attachés	nous — affamés

4 ***Je recopie et je complète les phrases :***

son frère

sa soeur

sa poche est pleine de billes : c'est . . . . . .
avec des nattes blondes : c'est . . . . . .
avec une jupe rayée : c'est . . . . . .
avec un gros pistolet : c'est . . . . . .

le travail d'un épouvantail...

1 le travail d'un épouvantail
est d'effrayer les moineaux.
mais cet épouvantail au vieux manteau,
au chapeau bosselé,
n'est pas un épouvantail
comme les autres :
c'est un épouvantail au grand cœur
et les moineaux l'ont bien deviné.

2 chaque matin,
ils viennent voleter
au-dessus de sa tête
et se moquent gentiment de lui
en pépiant :
"tu es bête, tu es bête
de vouloir nous faire peur,
épouvantail au grand cœur."

3 l'épouvantail sourit
comme un vieux grand-père
à ses petits enfants moqueurs.

4 les moineaux se perchent
sur ses bras tendus
et l'épouvantail tourne avec le vent,
tourne comme un manège.
et chaque matin
c'est la fête au jardin...
pauvre jardinier !
il n'y peut rien...

1 ***J'écris ce qui est vrai dans l'histoire :***

l'épouvantail a un vieux manteau.
les moineaux l'aiment beaucoup.
l'épouvantail est triste.
il effraie les moineaux.

2 ***Je remplace le tiret (—) par* tar *ou* tra :**

une —tine
je —vaille
je suis en re—d

de la mou—de
il at—pe une balle
elle en— dans la classe

3 **il est ils sont**
écrire* est *ou* sont *à la place du tiret (—) :

il — bon élève
ils — blessés
il — peureux

ils — en retard
il — sportif
ils — amis

4 ***Je recopie et je complète les phrases :***

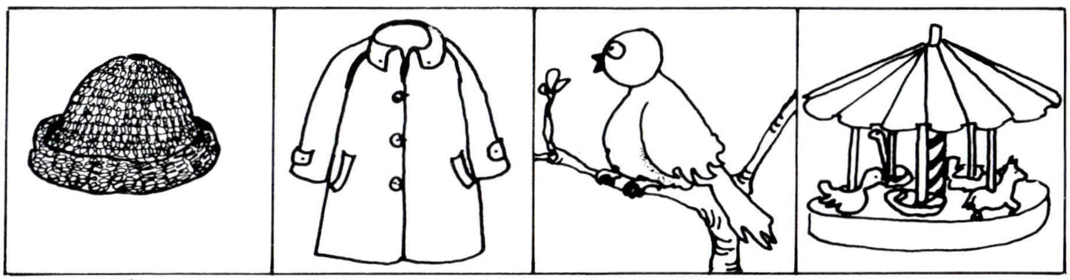

mon bonnet un manteau un oiseau le manège

en prison dans une cage : c'est . . . . . .
il fait froid : vite . . . . . .
il tourne, tourne, tourne : c'est . . . . . .
je n'ai plus froid à la tête avec . . . . . .

jouons ! jouons !

1 jouons ! jouons !
jouons au jeu des métiers.
il faut deviner
le métier que l'on fait.

2 — moi, dit jean,
je prends de la farine, du sel, de l'eau.
chaque jour je pétris la pâte,
j'en fais des boules, des baguettes
ou des couronnes.
je suis un...
— un boulanger, dit michel.

3 à mon tour.
j'ai un casque étincelant,
une veste de cuir ;
je grimpe à l'échelle
comme un singe et...
je crache de l'eau
comme un éléphant ;
je suis le...
— le pompier, devine valentine.

4 à moi.
je vais très loin dans le ciel.
de là-haut vous n'êtes pas plus gros
qu'une tête d'épingle.
je me lève à paris,
je me couche à pékin.
je suis une...
— nous donnons notre langue au chat,
disent michel et jean.
— je suis aviatrice !

1 ***J'écris ce qui est vrai dans l'histoire :***

les enfants aiment le jeu des métiers.
le boulanger fait des couronnes.
le pompier a une veste de toile.
valentine sera aviatrice.

2 ***Je remplace le tiret (—) par car ou cra :***

une —te	une —pe
un —be	la —vate
du —ton	un —paud

3 **elle est** **elles sont**
écrire* est *ou* sont *à la place du tiret (—) :

elle — venue	elle — polie
elle — courageuse	elles — au cinéma
elles se — perdues	elles — adroites

4 ***Je cherche les mots dans l'histoire et je les recopie :***

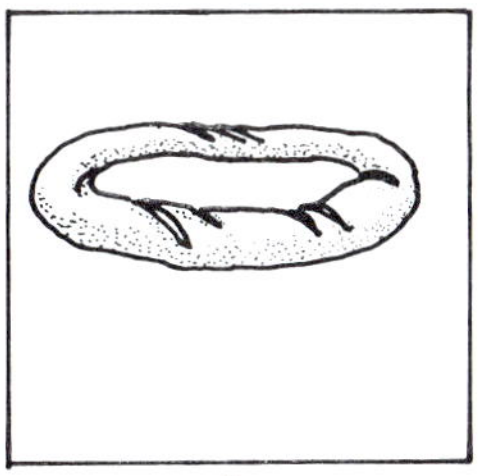
1

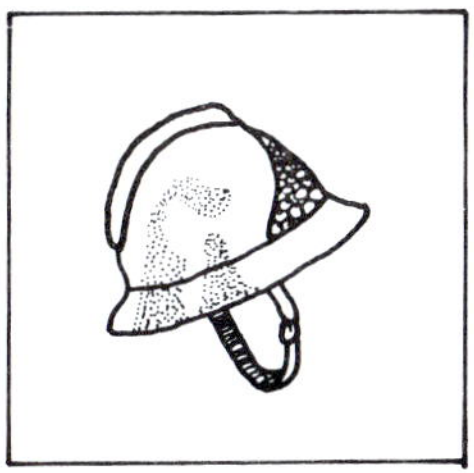
2

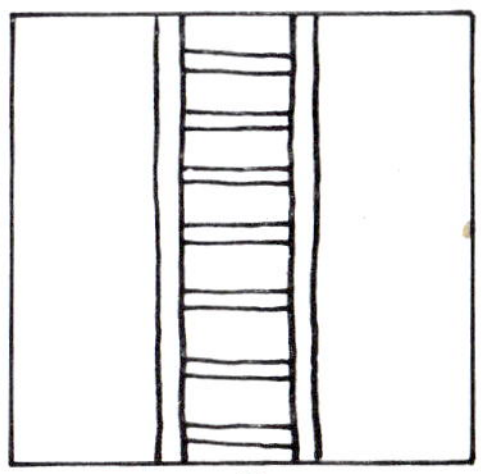
3

4

5

6

1	4 . . . . . .
2	5 . . . . . .
3	6 . . . . . .

au poulailler...

1 au poulailler,
patapof a pris un œuf,
un bel œuf,
un bel œuf tout blanc
qui se cachait
sous les ailes de cocodé.

2 vite, à la cuisine.
l'œuf dans l'eau.
l'eau dans la casserole.
la casserole sur le feu.
attendons...
une, deux, trois,
trois minutes,
pas une de plus,
pas une de moins.

3 l'œuf est sur le coquetier.
à petits coups,
tout petits coups,
on découpe la calotte.
on soulève la calotte.
et, que voit-on ?
piou-piou !
piou-piou le poussin de cocodé.

4 "ouf ! dit-il, qu'il faisait chaud
là-dedans !"

1 ***Je dis* oui *ou* non :**

l'œuf est caché sous les ailes de cocodé.
on verse de l'eau dans la marmite.
l'œuf cuit pendant trois minutes.

2 ***Je remplace le tiret (—) par* oi *ou* oir :**

un mir—
mon mouch—
du p—vre
une b—sson
la t—ture
le coul—

3 **j'ai tu as**
Je recopie et j'écris* ai *ou* as *à la place du tiret (—) :

j'— peur
tu — froid
j'— faim
j'— mal aux dents
tu — bien dormi
tu — chanté

4 ***Je recopie et je complète les phrases :***

le paon le coq le pigeon le canard

il se lève avec le soleil : c'est ......
il est heureux dans la mare : c'est ......
il est beau quand il fait la roue : c'est ......
il vole haut et loin : c'est ......

pierre adore le manège.

1 pierre adore le manège.

mardi, il est pompier
dans la voiture rouge.

mercredi, sur l'autoroute
il conduit le camion.

2 jeudi, dans la soucoupe volante,
c'est le voyage dans la lune.

vendredi, sur le vélo,
en facteur, il porte les lettres.

samedi, sur le cheval blanc,
il est robin des bois.

3 dimanche, dans la cage aux fauves,
il se tient à califourchon
sur un lion.

lundi, pierre est triste...
le manège dans sa roulotte,
est parti : il a la bougeotte.

4 il est parti vers des gamins
qui seront marins
sur son voilier
au gué - au gué...

1 ***J'écris ce qui est vrai dans l'histoire :***

le pompier est sur le camion.
jeudi, c'est le voyage dans la lune.
le cheval de robin des bois est blanc.
le cirque est parti un dimanche.

2 ***Je remplace le tiret (—) par ette ou elle :***

une gal—	une cloch—
la sem—	une chand—
une éch—	une omel—

3 **tu as** **il a**

écrire as ou a à la place du tiret (—) :

tu — couru	tu — conduit la voiture
il — bu	il — sauté en parachute
tu — vu l'avion	il — mangé de la tarte

4 ***Je cherche les mots dans l'histoire et je les recopie :***

1

2

3

4

5

6

1	4 . . . . . .
2	5 . . . . . .
3	6 . . . . . .

fatima, fatima, parle-moi de ton pays.

1 — fatima, fatima
parle-moi de ton pays.

2 — mon pays c'est la tunisie.
là-bas j'ai pour amis
le petit âne gris
et le renard des sables,
sans oublier saïd, le pêcheur ;
ma maison est tout au bord de l'eau,
une eau toujours bleue.

3 avec grand-père je joue sur le sable,
ou je retrouve salima, ma petite antilope ;
je cherche aussi, dans les buissons,
le caméléon qui devient rouge,
le caméléon qui devient bleu,
le caméléon qui devient jaune...

4 j'aime le marché aux couleurs vives,
ses fleurs, ses fruits et ses légumes,
ses beaux colliers de pierreries.

5 j'ai des sandales brodées
pour courir sur le sable,
trop chaud pour mes pieds nus.
le soir, allongée sur ma peau de chèvre,
je compte les mille et une étoiles
qui brillent dans le ciel noir.

6 — fatima, mon amie,
m'emmèneras-tu dans ton pays ?

1 ***Je recopie et je complète les phrases :***

le pays s'appelle ......
saïd est le ......
fatima promène ......
le sable est ......

2 ***Je remplace le tiret (—) par erre ou esse :***

une car—	la vit—
le tonn—	la t—
une princ—	la tigr—

3 **tu as** **elle a**
écrire a ou as à la place du tiret (—) :

tu — pleuré	tu — rangé tes livres
elle — ri	elle — acheté un collier
tu — rêvé	elle — mangé une orange

4 ***Je recopie et je complète les phrases :***

l'antilope

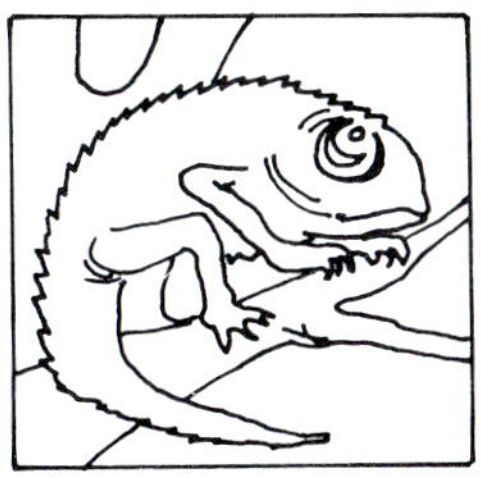

le caméléon

l'âne

il change de couleur : c'est ......
il porte deux grosses cruches : c'est ......
elle bondit haut et loin : c'est ......

isabelle est très... très, très malheureuse.

1 isabelle est très...
très, très malheureuse,
avec son bras arraché,
    ses joues décolorées,
    sa jambe cassée.
quel malheur ! quel malheur !
stéphane, le polisson,
en fait un ballon.
quel malheur ! quel malheur !

2 isabelle échoue
dans une flaque de boue.
quel malheur ! quel malheur !

3 une pelle la ramasse.
vlan ! dans la poubelle.
quel malheur ! quel malheur !

4 après un long voyage
isabelle est jetée...
jetée à la décharge
à côté
du soldat de plomb décapité,
du mouton à la patte brisée,
du cheval à la queue coupée,
et du perroquet au bec écrasé.

5 quel malheur ! quel malheur !
de ne plus être aimé.

1 ***Je devine et j'écris dans l'ordre :***

est isabelle
une poupée
malheureuse

a le
une mouton
brisée patte

2 ***Je remplace le tiret (—) par ia ou io :***

une p—che
un p—no
le v—lon

un mar—ge
le char—t
nad—

3 **nous avons** **vous avez**

Je recopie et j'écris* avons *ou* avez *à la place du tiret (—) :

nous — fini de goûter
nous — réussi nos dessins
vous — dormi longtemps

vous — bien répondu
nous — coupé du bois
vous — aidé votre voisin

4 ***Je recopie et je complète les phrases :***

un mouton un soldat un cheval le perroquet

bec crochu, je suis . . . . . .
doux, doux, doux, je suis . . . . . .
au galop, au galop, je suis . . . . . .
fusil sur l'épaule, je suis . . . . . .

sur leur charrette traînée par potiron...

1 sur leur charrette,
traînée par potiron,
colas et nicolas vont au marché
acheter trois cochons pour colas,
trois moutons pour nicolas.
allons potiron ! allons potiron !

2 colas et nicolas rencontrent
colin et nicolin qui vont au marché
acheter trois chèvres pour colin,
trois lièvres pour nicolin.
allons potiron ! allons potiron !

3 au retour
colas, nicolas, colin, nicolin,
trois cochons, trois moutons,
trois chèvres, trois lièvres,
tout ce monde
sur la charrette
traînée par potiron.
c'est bien trop pour un âne.

4 le voyage se termine
avec trois cochons, trois moutons,
trois chèvres, trois lièvres
et... potiron sur la charrette.

5 qui tire la charrette ?
c'est colas, nicolas,
colin, nicolin.
voulez-vous les aider ?

1 ***Je dis oui ou non :***

l'âne s'appelle potiron.
colas achètera trois moutons.
colin achètera trois chèvres.
au retour, potiron tire la charrette.

2 ***Je remplace le tiret (—) par oin ou ion :***

du f—	un crayon p—tu
un cam—	le l—
un av—	un p—t

3 **nous avons** **ils ont**

Je recopie et j'écris avons ou ont à la place du tiret (—) :

nous — rencontré grand-mère	ils — vu un chameau
ils — cueilli des cerises	nous — reçu des fleurs
nous — vendu notre auto	ils — rangé leurs livres

4 ***Je recopie et je complète les phrases :***

la chèvre le lièvre l'âne le cochon

quatre pattes, deux cornes, je suis ......
quatre pattes, un tire-bouchon, je suis ......
quatre pattes, deux longues oreilles, je suis ......
quatre pattes pour courir très vite, je suis ......

il était un, il était deux, il était trois...

1 il était un, il était deux, il était trois,
il était trois petits chats.

trois petits chats, trois petits diables
qui gambadaient,
qui miaulaient,
qui griffaient
ou ronronnaient.

2 il était une, il était deux, il était trois,
il était trois petites souris.

trois petites souris, trois petites coquines
qui trottinaient
qui furetaient
qui rongeaient
ou... taquinaient les trois petits chats.

3 jamais, jamais, jamais
les trois petits chats
n'attrapaient
les trois petites souris.

4 les trois petits chats
fatigués de gambader,
fatigués de miauler,
fatigués de griffer,
ronronnaient, ronronnaient,
ron... ron... ron... ron...

1 ***Je devine et j'écris dans l'ordre :***

petits les
trois chats
griffaient

les souris
petites trois
rongeaient

2 ***Je remplace le tiret (—) par otte ou olle :***

ma cul—
la cor—
une car—

une idée f—
une pâte m—
une gr— profonde

3 **il a** **ils ont**

Je recopie et j'écris a ou ont à la place du tiret (—) :

il — arrosé la pelouse
il — suivi le sentier
ils — sauté à la corde

ils — touché la flamme
il — consolé sa sœur
ils — voyagé ensemble

4 ***Je recopie et je complète les phrases :***

zézé

mapo

ronron

il ronronne toujours : c'est . . . . . .
un coléreux : c'est . . . . . .
joliment rayé : c'est . . . . . .

où est passé mon éventail ?

1 ★ où est passé mon éventail ?
demande grand-mère.
— c'est le fantôme qui l'a pris,
répond cachetou.

2 ★ où est passé mon peigne ?
demande maman.
— c'est le fantôme qui l'a pris,
répond cachetou.

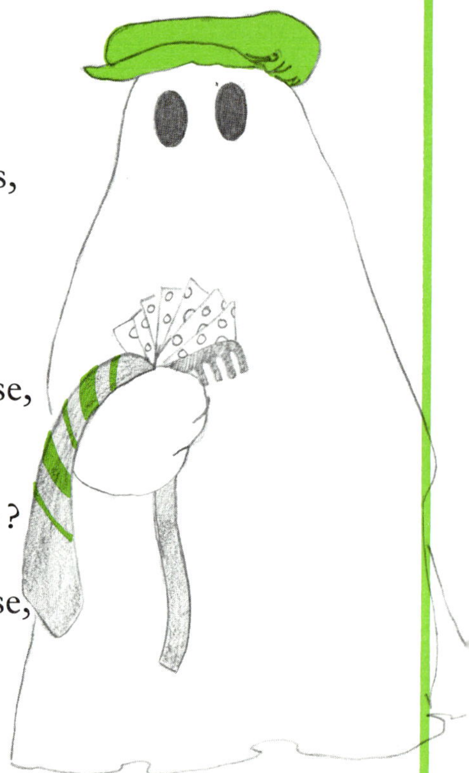

3 ★ où est passée ma cravate ?
demande papa.
— c'est le fantôme qui l'a prise,
répond cachetou.

4 ★ où est passée ma casquette ?
demande grand-père.
— c'est le fantôme qui l'a prise,
répond cachetou.

5 ★ vous avez deviné :
le fantôme s'appelle cachetou.

6 il a caché
l'éventail de grand-mère dans la soupière,
le peigne de maman dans le grenier,
la cravate de papa dans une pantoufle,
et... tout au fond de son lit,
la casquette de grand-père.

1 ***Je dis* oui *ou* non :**

grand-mère a perdu son peigne.
papa a perdu sa cravate.
maman a perdu son éventail.
la casquette de grand-père est dans le lit.

2 ***Je remplace le tiret (—) par* onne *ou* omme :**

une p—	aline chant—
une col—	un bonh— de neige
ma g—	le téléphone s—

3 **elle a elles ont**

J'écris* a *ou* ont *à la place du tiret (—) :

elle — sifflé	elles — lu le journal
elles — cousu	elle — perdu sa broche
elle — peint	elles — découpé des images

4 ***Je cherche les mots dans l'histoire et je les recopie :***

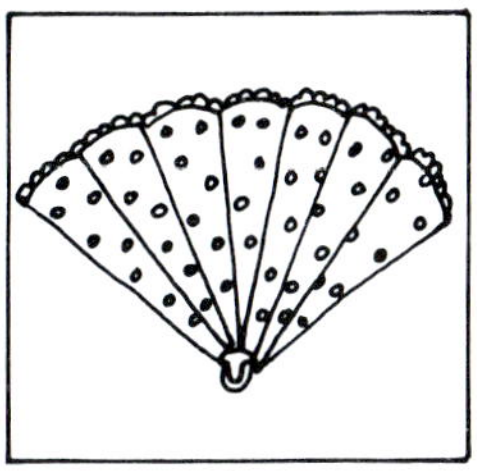

1

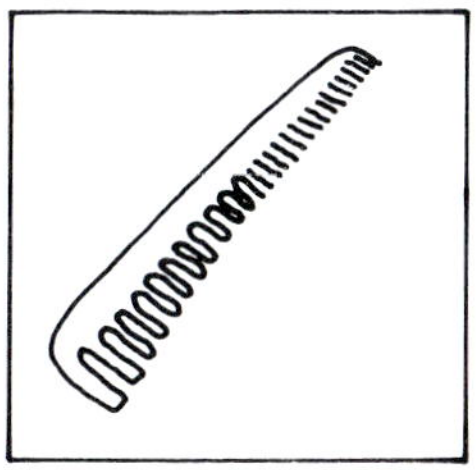

2

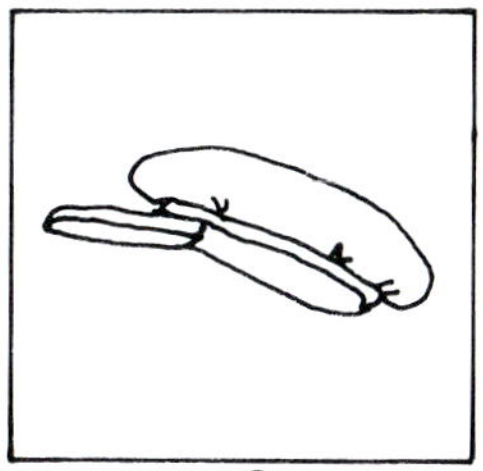

3

4

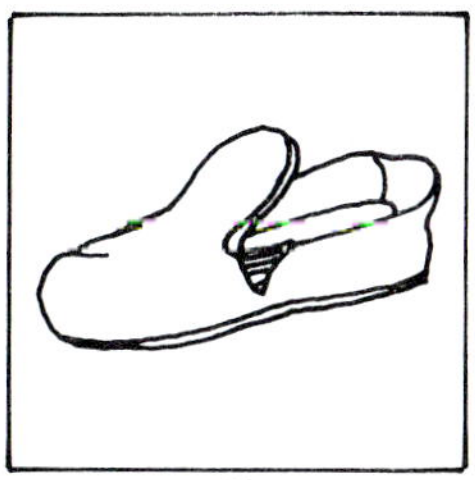

5

6

1	4 . . . . . .
2	5 . . . . . .
3	6 . . . . . .

avec "ma" je fais...

1 avec "ma" je fais
matin, malin, marin
et... parrain et calin.
cela va bien.

2 avec "ri" je fais
rigodon, ricochet, ricanons
et... ritournelle.
pourquoi pas tourterelle ?

3 avec "ne" je fais
ne... et c'est tout.

avec "sai" je fais
je sais, tu sais, il sait
nous savons...
non, ce n'est pas bon.

4 avec "pa" je fais
parasol, paravent, parapluie
et... paradis.
c'est joli.

5 avec "li" je fais
lit, liseron, linotte
et... lilas.
j'aime bien le lilas blanc !

6 avec “re” je fais
rebord, recette, refuge, refrain
et... réchaud.
non ! “re” ce n'est pas “ré”.

7 avec “ma”, avec “ri”, avec “ne”
avec “sai”, avec “pa”, avec “li”
avec “re” je fais :
marie ne sait pas lire.
la petite marie, c'est moi !

---

1 ***Je recopie et je complète la phrase :***

avec “ma” je fais ......, ..., ...
avec “ri” je fais ......, ..., ...
avec “li” je fais ......, ..., ...

2 ***Je remplace le tiret (—) par* eille *ou* ille :**

une brind—	une ab—
la bout—	mon or—
une coqu—	une past—

3 ***J'écris le contraire avec* ne... pas :**

alain joue à la marelle.
ma poupée s'est endormie.
rémi salit son chandail neuf.

4 ***Je recopie et je complète les phrases :***

le marin   le parasol   la tourterelle   du lilas

je protège du soleil : je suis ...... un doux oiseau : c'est ......
je vis sur mon bateau : je suis .... un joli bouquet mauve : cest du ....

je suis le vent malin.

1 je suis le vent malin:
je retourne le parapluie,
fais tourner la girouette,
et s'envoler les casquettes.

2 je suis le vent tout doux:
je pousse les blancs nuages,
caresse les visages
des tout petits enfants.

3 je suis le vent méchant:
je soulève la tempête,
accompagne la tornade,
et siffle dans les grands bois.

4 je suis le vent bienfaisant:
j'amène la fine pluie,
fais tourner le moulin,
et voguer le marin.

5 je suis le vent
malin, doux,
méchant, bienfaisant.

6 mais, par-dessus tout,
je préfère être le vent,
le vent fou des cerfs-volants.

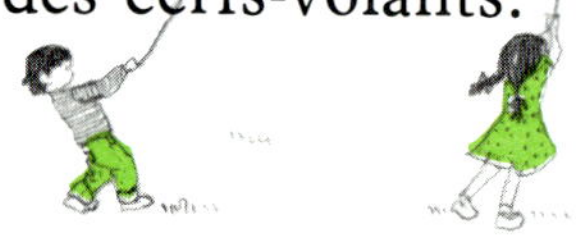

1 ***Je devine et j'écris dans l'ordre :***

le je suis vent retourne qui parapluies les	suis je le des vent cerfs-volants

2 ***Je remplace le tiret (—) par* oy *ou* uy :**

le n—au un t—au le v—age	du gr—ère un éc—er le sceptre r—al

3 ***J'écris le contraire avec* ne... pas :**

aline court.
patrick se baigne.
maman distribue des chocolats.
aline et jean dorment.

4 ***Je recopie la phrase et j'écris le bon numéro dans le carré □ :***

1 2 3 4

tourne, tourne vite, plus vite □
je n'ai plus peur de la pluie □
vogue, vogue sur les flots □
vole haut, très haut □

avec ma baguette magique...

1 avec ma baguette magique
je réunis tous les animaux du zoo
et je leur demande :
— que désirez-vous ?

2 le lion : — moi,
je veux retrouver ma savane.

le singe : — moi,
je veux grimper dans mes arbres.

3 le crocodile : — moi,
je veux replonger dans ma vase.

le perroquet : — moi,
je veux me percher sur mon cocotier.

4 le phoque : — moi,
je veux glisser sur ma banquise.

tous ensemble : — petit garçon, petit garçon,
ton zoo est peut-être un palais,
mais nous préférons retourner
où nous sommes nés.

5 le petit garçon : — ma baguette n'est pas magique !
vous n'êtes pas gentils
de vouloir retourner
dans votre pays,
de vouloir me laisser ici,
sans amis...

1. ***Je recopie et je complète la phrase :***

le lion veut retrouver . . . . . .
le crocodile veut replonger dans . . . . . .
le phoque veut glisser sur . . . . . .

2. ***Je remplace le tiret (—) par* uer *ou* ouer :**

sec—	sal—
rem—	tr—
cl—	distrib—

3. ***J'écris le contraire :***

stéphane ne mange pas son potage.
le canari ne chante plus dans sa cage.
nous ne retournerons pas au bois.
vous ne goûterez pas ces confitures.

4. ***Je recopie et je complète les phrases :***

agile, malin : c'est . . . . . .
on dit qu'il est roi : c'est . . . . . .
il mange dix kilos de poisson par jour : c'est . . . . . .
un bavard au bec crochu : c'est . . . . . .

mon grand-père à moi.

1 mon grand-père à moi
est le meilleur des grands-pères.

2 quand je marche à côté de lui,
il ne va pas plus vite que moi.

3 quand je lui parle, il m'écoute et me regarde.
sur ses genoux, je monte à cheval.

4 sans lui faire mal,
je promène mon petit doigt
dans sa barbe,
dans son nez,
dans ses oreilles...

5 je crois même
que ça lui fait plaisir
quand je lui demande
de me raconter
une histoire, une histoire
qui ne finit jamais...

1 ***Je devine et j'écris dans l'ordre :***

je à cheval sur monte genoux ses	grand-père me jamais ne gronde

2 ***Je remplace le tiret (—) par*** **ien** ***ou*** **ein :**

le gard— un p—tre le fr—	de la t—ture d'iode un ch— de berger un ind— peau-rouge

3 ***J'écris le contraire :***

josé ne sait pas lire.
je ne monte pas à cheval.
grand-père ne me raconte pas une histoire.

4 ***Je recopie et je complète les phrases :***

c'est le plus vieux : . . . . . .
il est plus jeune : . . . . . .
c'est la plus âgée : . . . . . .
elle est plus jeune : . . . . . .

maman a beaucoup de machines.

1 maman a beaucoup de machines :
celle que préfère caroline,
c'est la machine à laver
toute blanche,
avec des boutons rouges,
des cadrans bleus
et, sur le ventre, un gros hublot.

2 à travers la vitre
caroline voit tournoyer
chaussettes, chemises, culottes...

3 tac... un tour à droite.
tac... un tour à gauche.
un tour à droite, un tour à gauche,
mouchoir en bas, tricot en haut.
tout se mélange
et se tortille.

4 elle souffle maintenant
et crache toute l'eau,
une eau sale et grise.

5 tac... très en colère,
la voilà qui tourne vite,
encore plus vite, toujours plus vite.
caroline a peur.

6 tac... la voilà qui se calme.
tac... la voilà qui s'arrête.
"maman ! maman ! ton linge est propre."

1 ***Je recopie et je complète les phrases :***

caroline préfère la machine à . . . . . .
tout se mélange et se . . . . . .
la machine crache l'eau . . . . . .

2 ***Je remplace le tiret (—) par ec ou el :***

du caram—
une l—ture
du s—

un ins—te nuisible
un long tunn—
le b— du moineau

3 ***Je recopie les mots et j'écris le bon signe dans le carré ☐ :***
une personne ⧇ ; un animal ⊞ ; une chose ⊡

caroline ☐
le bouton ☐
maman ☐

le chat ☐
une chaussette ☐
le pinson ☐

4 ***Je recopie et je complète les phrases :***

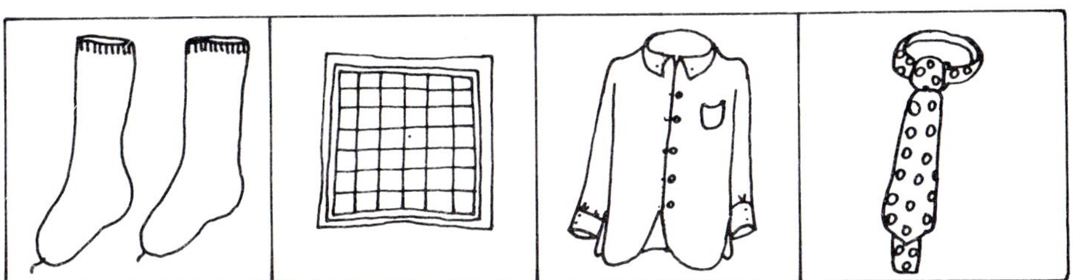

les chaussettes — le mouchoir — la chemise — la cravate

dans la poche, c'est . . . . . .
elles tiennent chaud aux pieds, ce sont . . . . . .
autour du cou, c'est . . . . . .
sous la veste, c'est . . . . . .

petit jean a une amie.

1 petit jean a une amie :
c'est la fée caramousse,
la caramousse de ses rêves.

— caramousse ! caramousse !
je suis grand !

2 sais-tu que maintenant,
blotti dans un petit coin,
je peux lire de grandes aventures
et les plus jolis contes ?

3 sais-tu que maintenant,
penché sur une feuille blanche,
je peux écrire les mots les plus doux
et les plus tendres lettres
à sandrine, blandine ou caroline ?

4 caramousse ! caramousse !
maintenant que je sais tout,
j'irai dans les nuages
planer comme la mouette ;
et j'irai dans les vagues
jouer comme un dauphin.

5 caramousse voudrait bien
que petit jean voyage,
mais elle ne répond rien :
caramousse sait très bien
que jamais petit jean

ne sera mouette dans les nuages,
ni dauphin dans les vagues :

6 caramousse sait très bien que
petit jean deviendra grand;
il sera grand jean
comme son papa.

---

1 ***Je recopie et je complète la phrase :***

je peux lire les plus jolis . . . . .
j'irai planer comme . . . . .
j'irai jouer comme . . . . .
petit jean deviendra . . . . .

2 ***Je remplace le tiret (—) par* ui *ou* u :**

la l—ne	la cap—che
une t—le	il fait n—t
un b—sson	du tiss—

3 ***Je recopie les mots et j'écris le bon signe dans le carré □ :***
une personne ⊡ ; un animal ⊞ ; une chose ⊡

petit jean □	le dauphin □
une feuille □	les vagues □
la mouette □	papa □

4 ***Je recopie les phrases et j'écris le numéro qui convient dans le carré □ :***

1 2 3 4

énorme, il est énorme □
son nid est dans le rocher □
c'est le seigneur de la forêt □
c'est le roi des siffleurs □

TABLE DES MATIERES

Imprimé en France - Imprimerie SIAG s.a. 59830 Cysoing
N° d'Editeur B 35713 XX (A.c.VII) AT - Dépôt légal mars 1984 n° 1084 - BF 34.1062